러브소나타

임태래 시집

임태래 시인이 그리는 사랑의 시편
'러브소나타'는 당신을 유유히 사랑이
흐르는 아름다운 강가로 초대합니다!

프롤로그

사랑의 시편 '러브소나타'를 내며

슬픔이나 죽음을 이기는 것은 오직 사랑이다.
우리가 할 수 있는것은 서로 사랑하는 일 입니다.
사랑을 더하면 모든것이 온전해집니다.
인간이나 문학도 사랑으로
완성되어 간다고 합니다.
아픔이 있는 인생일 지라도 사랑으로
바라보면 아름다운 삶이 될 것입니다.
시도 문학도 사랑이 없다면 더 이상 문학이
아닙니다. 사랑으로 세상을 바라보고 살아가면
세상은 사랑으로 가득할 것이다.

사랑은 영원한 청춘이요
창조의 근원이며
생명의 탄생이다
~   ~   ~

오늘 저는
당신의 앞길을
밝혀 달라 기도 하는 대신
작은 촛불 아래
사랑의 시를 쓰겠습니다

오늘 저는
당신을 사랑한다 말 대신에
작은 빵 하나와 시집을
드리겠습니다

당신이
제게로 와
영혼이 살찌도록요

2024년 겨울날 첫눈을 기다리며
임태래 드립니다.

목 차

PART 1 사랑의 묘약

해빙 08 / 눈길 09 / 동백꽃 떨어지면 10 / 볼 우물가 물푸레나무 12 / 봄처녀 13 무지개핀 아침 14 / 당신을 향하면 15 / 가을날 16 / 설날기념식수 17 / 시인의 산책 18 / 봄날의 경주 20 / 진달래꽃 21 / 모르시나요 22 / 진짜 눈먼 사람 23 / 제라늄 꽃을 안고 24 / 알뜰병원 25 / 대숲에 바람이 불면 26 / 사랑의 묘약 28 / 겨울호수와 어머니 29 / 시계바늘 30

PART 2 이팝꽃 떨어지면

네가 고와서 34 / 커피 한 잔 35 / 선진국 견학 36 / 바람 부는 날 38 / 가을바다 40 / 말하지 마세요 41 찔레꽃 43 / 내 마음은 45 / 춘정가 46 / 내가 사랑하는 4월 48 / 솔직하게 50 / 빗소리 51 / 깊은 가을 52 청구서 54 / 빗방울 로맨스 55 / 눈이 오는 길 가는 길 56 상사화가 피었다는 소식을 들었습니다 58 /짧은 봄 61 안개 속으로 62 / 가출 63

PART 3 땅의 노래

웃는 커피 68 / 색의 나라 수국 69 / 눈이 내리면 70
그대 나무 72 / 봄 나들이 73 / 무지개 쫓는 아이 74
봄날의 정원 76 / 낙화 77 / 폭염에 대한 단상 78
입추 79 / 아파요 80 / 껍데기 81 / 숲속 이야기 83
책 85 / 해바라기 86 / 길은 없다 88 / 몰랐어요 89
수련 90 / 폭포 91 / 땅의 노래 92

PART 4 사랑 없이 어이 살까

삐진 커피 96 / 그대를 위한 연가 97 / 권주가 98
눈사람 99 / 파파라치 100 / 그리운 호수 101 / 대지를
생각한다 102 / 9월 104 / 나무 선생님 105 / 사모곡
107 / 황새가 꿈꾸는 세상 108 / 비온 뒤 111 / 내가
바뀔 수 있다면 112 / 봄은 청춘 113 / 풀들에게 116 /
너 하나면 117 / 단비 봄비 119 / 셀레는 봄 120 / 쉬운
일부터 121 / 행복한 고백 122 / 내가 먼저 해요 123

* 색깔 표시된 목차는 낭송 영상이 있습니다.

PART 1

사랑의 묘약

해빙

꽁꽁 눈 덮인 땅은
봄 실은 복수초가
뚫고

얼어붙은 강은
사랑 실은 쇄빙선이
깨고

차가운 이 가슴은
따뜻한 당신이
녹이고.

눈길

눈은
오는 걸까
내리는 걸까

오늘 내리면
오는 거고
내일 오면
내리는 거다

마음대로 해석해 보고
눈처럼 웃었다

눈은 길을 지우고
수북히 그리움만 남긴다.

동백꽃 떨어지면

동백꽃 나뒹군다고
함부로 짓밟지 마세요

그대는 온몸을 던져
뛰어든 적 있던 가요

차가운 바닥에서도
절명하지 않고 견디는 저 처연

풀썩 주저앉아도
결코 죽은 게 아니죠

매일매일 절벽 앞에 서야 하는
삶에게 동백이 말해요

사는 게 다 눈물 나는
아름다운 일이라고

꽃은 떨어져도 고고 청청한
푸른 꿈을 잃지 않는
저 동백의 결기를.

볼 우물가 물푸레나무

나는
너의 볼 우물가 서성인
한 그루 물푸레나무

미소가 마르지 않는 샘
향기에 젖어 사랑에 취한
흔들리는 물푸레 가지

나는
너의 가슴속 잔잔한 호수
그리움에 떠도는 물푸레 잎새

바람 불면 찾고 싶은 곳
눈이 내리고 비가와도
밤새워 너를 지키는 파수꾼.

봄 처녀

봄바람 타고 온
너를 만나면
내 마음은 열린다

엄마도 풀지 못한
꽁꽁 언 강 같은 이 마음도
비밀정원의 녹슨 철문도
스르르 풀린다

보드란 봄바람처럼
촉촉한 봄비처럼
향기로운 너로
젖어 든단다.

무지개 핀 아침

꽃구름 뭉게뭉게
피어오르는 아침
서쪽 하늘에
무지개가 떴어요

달려가 보니
무지개 위에 꽃을 든
소녀가 앉아 있어요

어찌나 소녀가 예쁘던지
구름과자와 별을 듬뿍 담아
소녀에게 데이트 신청하러
무지개 타고 올라가는 중입니다.

당신을 향하면

태양을 향해
두 손을 들면
어두운 그림자는 등 뒤에 숨듯이

당신을 향해
마음을 열면
아픔은 희망이 됩니다

내일을 향해
힘차게 나아가면
절망은 꿈으로 변합니다

꽃을 향해
다가가 웃어주면
미움도 아름다워집니다

당신을 향해
기도하다 보면
세상은 사랑이 됩니다.

가을날

쿵더쿵 쿵더쿵
방아깨비 들에서
방아를 찧고

뼁뼁 윙윙
고추잠자리 저녁 하늘
붉게 취하고

하늘 하늘
코스모스 닮은 너는
이 가슴에서
하늘거리고.

설날 기념식수

신년에
무슨 나무를 심을까

그래
감사 나무 한 그루
소망 나무 한 그루 심으면 어떨까

그럼 뭐해
이게 없으면 심으나 마나

그래서
사랑 나무도 하나 옆에
심기로 했다

사랑나무에 그네를 매달고
너를 태울 수 있게.

시인의 산책

나도
이제 시인이 되나 봅니다

숲길을 거니는 데
늘 외면만 하던
아기 노루 한 녀석이
엄마 생일에 시인님을 초대하고 싶다며
제 손을 잡아 끄네요

자작나무 숲에 다다르자
새들이 날아와 함께 노래 연습하자고 합니다
며칠 후 새들의 결혼식에 축가를 부르자고요

숲속 갈참나무를 늘 지켜주던 든든한
바위는 자기 등에 태워 줄 테니
올라와 쉬어 가라고 하네요

산책하는 동안
이름 없는 시골 시인에게
이렇게 환대를 해주니
눈물이 글썽입니다.

봄날의 경주

매화나무가
달빛에 향기를 남기고 떠나자
산수유가 이번엔 금빛 폭죽을
터트린다
옆에 서있던 개나리
아침부터 노란 피켓을 들고
단체로 환영 나왔다
진짜 봄맛을 보여준다고
벚꽃이 온 동네를 하얀 파스텔로
뿌옇게 어지럽혀 놓았다
저 멀리 수선화의 노란 나팔소리가 들린다
운전을 자제하라는 경고 방송이다
모두 봄에 흠뻑 취해 있었다.

진달래꽃

봄날의 산천은
소녀들 초경으로 물든
신비로운 처녀림

외로운
늑대의 하울링
골짜기에
울긋불긋 번지는
생명 예찬

야생의 사내들은
곡신에 몽정을 하고

성장통을
앓는 산들이
초록 물결의
낙원을 꿈꾼다.

모르시나요

난 너만 보면
가슴이 뛰는데
왜 그리 침착하세요?

난 너만 생각하면
달려가고 싶은데
왜 가만 계시나요?

혹시 저를 좋아
하지 않으시나요?
내 너를 위한 거라면
다 할 수 있는데

사랑하지 말라는 것
그것 말고 다 할 수 있는데.

진짜 눈먼 사람

가을이 왔지만
붉게 물든 단풍나무와
어우르는 화려한 산을
볼 수 없다면 안타까운 일이다

움트고 꽃 피는
봄날의 고운 정경을
볼 수 없다면 슬픈 일이다

이 모두를 설령 본다 해도

너의 아름다움을
알아보지 못한다면
진짜 눈먼 사람이다.

제라늄 꽃을 안고

꽃을 보면 세상이
아름답다 생각이 들 듯

그대를 생각만 해도
행복합니다

오늘은 제라늄 꽃을 안고
그대를 만나고 싶은 날입니다

오늘처럼 제라늄 꽃이
아름답게 피는 날에는.

알뜰병원

재활 전문 알뜰병원에 환자들이
밖에 줄줄이 서 있다
변변한 가림막도 없이 뜨거운 땡볕에
때론 비를 맞고 있다
부러진 다리 삐뚤어진 목과 고장 난 심장
불쌍한 환자들이 모여 있다
의사는 눈에 띄지 않고
수돗가에서 환자를 씻기는 사람만 보인다
실내로 들어가니 드릴과 뻰치를 들고
수술하는 소리와 손길이 바쁘다
한쪽에는 회복한 환자들이 언제 아팠냐는 듯
깨끗이 단장을 하고 새 가족을 기다리고 있다
나는 딸 방에 놓아줄 목 수술이 방금 끝난
선풍기 하나 사들고 동네 알뜰매장을 나왔다.

대숲에 바람이 불면

넘어질 듯
쓰러질 듯
삶이 힘겹다 느껴지면
대숲으로 달려가요

곧추서라고
멈추지 말라고
쓰러지지 말라고
언제나 꿈을 잃지 말라고
곧은 대나무가 말해 주어요

빛을 발하라고
푸르름을 잃지 말라고
사철 내내 녹색의 기상을 담아
눈보라 속에도 대숲은 푸른 산을 이루어요

구멍새들도 수다 떨며 쉬어가는
댓잎 사이로 몸을 숨기면

희망은 햇살처럼 비집고 다가와
마음을 쓰다듬어 주던 곳

아버지의 불같은 성화도
엄마의 한 깊은 설움도
대숲바람은 실어 갔다지만
지금도 바람이 불면 묻어 나오죠

시련은 늘 파도처럼 밀려와
대숲을 밀쳐놓고 도망가도
다시 우뚝 서곤 하던 곳

오늘 대숲에는
죽순 크듯 자라난 그리움
내고향 대숲으로 달려가고 있어요.

사랑의 묘약

네가 아프면
내 가슴이 아파요
내가 대신 아파 주고 싶어서

네가 슬프면
내 슬퍼지니
내가 대신 슬퍼해 주고 싶어서

내가 너의
생각까지 함께 하는 것
이게 내가 내릴 수 있는
처방입니다

우리가 함께
아파하며 기뻐하는 것은
사랑의 묘약이고.

겨울호수와 어머니

세상의 모든 사연
담아내고도 넉넉한 당신의 가슴

당신의 그 넓은 품에
안겨 모든 한 풀어내며 출렁거렸죠

감사해요
모든 투정 받아 줘서
미안해요
당신 마음 아프게 해서
말 좀 해줘요
언제부터 꽁꽁 얼어 다문 입
언제쯤 풀릴까요

하얀 눈 아래 사르르 잠들다
졸졸졸 가슴은 시내되어 흘러
갯버들 부시시 눈 뜬날
당신 만날 수 있기를.

시계바늘

분주하게 일을 마친 오늘이 하루를 사용하고 축 늘어졌다
푸줏간에 걸린 고기처럼
지친 오늘이 탈의장으로 걸어간다
생각과 걱정들은 훌렁 벗어 던지고 행거에 걸린다
비우고 버렸다고 가벼워 질 수 있을까
무작정 쉴 수 있는 자유는 공짜가 아니기 때문이다

새벽이면 숲속 뻐꾸기가 창을 열고 보금자리에
오늘을 낳고 울고 가면 또 다른 오늘이 태어난다
온갖 계획과 요구들이 오늘을 향해 전쟁처럼 밀려 온다
아무리 바쁜 아침도 오늘에게 매혹의 날개를 달아 주어야
한다

헤어 스타일은 긴 생머리가 어울릴까 루즈는 핑크로
쌀쌀 하다면 오늘은 빨간 머플러를 두르고
긴 롱코트를 입혀 주어야 한다 이게 예의 일 수 있겠다
오늘은 다시 오만가지 걱정과 사연들을 가방에 집어넣고
금광을 향해 뛰는 광부처럼 모두 지하로 향한다

보이지 않는 질서다 본능이다
정시의 지하철과의 약속은 별로 틀린 법이 없다

또 다시 현실을 향해 뛰어 든다는 건
실은 누구나 죽음을 향해 가지만 이 사실을 외면한다
차와 버스는 눈을 부릅뜨며 데이터를 모으느라 자본시장을
휘젓고 다닌다

정보는 네이버나 구글 창고에서 변환 하면 문학이 되어
불멸도 하지만
대부분 삶의 재료로 또는 주검이 된다
시장을 향해 달리다 지친 오늘은 집으로 돌아가
불쾌한 기억들과 먼지들을 씻어내고 시익 웃어 본다
하루가 낳은 곡절들이 산보다 높게 쌓인다
산허리를 떠도는 구름 속 지친 시계바늘이
크라우드 안에서 헐떡이며 돈다.

PART 2

이팝꽃 떨어지면

네가 고와서

네가 고우니
나도 고와진다

네가 고마우니
나도 고맙다

네가 향기로우니
나도 향기가 스민다

네가 웃어주니
나도 행복해진다

너를 보고 있으면
세상에 미울 게 없다
네 곁에 있으면
세상이 온통 아름다워진다.

커피 한 잔

그대 가려거든
커피 한 잔 두고 가오

그대 떠난 후
보고프면

커피 한 잔 마시며
그대 그리워하게.

선진국 견학

마을 도랑 살리기 선진지 견학에
따라나섰다
선진 지라 해서 기대를 했는데
가보니 우리 마을보다
깊은 산골 이다

우리 동네에서 쉽게 볼 수 없던
황새도 보이고 땅개비 메뚜기들이
여기저기서 반겨준다
가만 도랑을 살펴보니 고마리 부들사이
깨끗한 물에 고동 가재가 살고 피라미가
힘차게 놀고 있다
향긋한 풀 내음까지 풍긴다

젖과 꿀이 흐르는 생명수
물총새들이 노래하는 맑은 도랑이
화려한 도시의 불빛보다
선진국이라는 걸 느낀다

논둑길을 걸으며
어릴 적 웃고 뛰 놀며
토끼풀 꽃시계를
만들어 주던 선진국의
이슬 같은 한 소녀를
그리워한다.

바람 부는 날

시골에서는
보기 힘든 이팝나무가
도시 거리에는 활짝 피었다

자연 속에 사는 농부가
도시로 나가야 이팝나무를
구경할 수 있다니
좀 서럽다

봄날에 마치 눈이 내린 듯
흰꽃이 탐스럽다.
연둣빛 출렁이는 잎에
송이송이 열린
길쭉한 꽃이 질까 아깝다

오늘 바람이 세다
자꾸 넘어뜨리려 한다
세상 파도에 시골로 밀려 나간

나는 안다

이 바람 불고 나면
이팝꽃 떨어지고
봄이 가고
여름이 온다는 걸.

가을바다

가을은 다 바다다

고개 들면 하늘은
쪽빛 바다

들판을 거닐 면 따스한
황금 바다

너를 그리면 이 가슴은
행복 바다.

말하지 마세요

말하지 마세요
짐이 무겁다고
제가 기력이 없을 수 있어요

말하지 마세요
시험이 어렵다고
제 노력이 부족할 수 있어요

말하지 마세요
경치가 아름답지 않다고
제 감성이 말라버렸는지 몰라요

말하지 마세요
음식 맛이 없다고
제 입맛이 변했을지 몰라요

이제는
저만 옳다 말하지 않겠습니다

모두 나와 다르니까요

그러나 제가
말할 수 있는 딱 하나는
당신이 이 세상에서
제일 아름답다는 사실입니다.

찔레꽃

골목길 울타리에 서서
맑게 웃어주는 너
작고 하얀 얼굴 어찌 곱고
예쁜지 향기도 좋아

모두가 눈부신 꽃이고
아름다운 꿈이 있고
애틋한 향기가 있지

찔레 가시같이 미운 놈 있었지
한 번도 마음 받아 주지 않고
상처만 주었어
지난 시절 미워만 하던
가시덩굴 찔레꽃

이 마음에 아픔은
그리움으로 밀려오고
아직도

미운 놈의 찔레향기는 진한
설움으로 다가오네

저도 당신에게
아픔 주는 가시었나요

하얀꽃 찔레꽃
꺾으면 아픈꽃

당신은 나에게
그리운 찔레꽃.

내 마음은

내 마음은
그대 생각에 실려
하늘을 나는 한 마리 새입니다

내 가슴은
그대 미소에 실려
뛰노는 한 마리 양입니다

내 그리움은
그대 향기에 실려
구름처럼 떠도는 하얀 낮달입니다

내 영혼의
기쁨이요
휴식인 그대여
늘
사랑의 평화가 임하소서.

춘정가

여보시요 들어보소
산수유는 언제피요

동네뒷산 큰바위뒤
샛노란꽃 피었길래

길가던이 물어보니
산수유라 합디다요

엊그제에 다녀갔던
봄비내린 효험인지

산수유와 생강나무
앞서거니 뒷서거니

올라가서 다시보니
노란빛이 진해지고

뿜어내는 봄의춘정
어떡하리 이내정염

초록융단 깔아놓고
진달래도 피워보세.

내가 사랑하는 4월

당신이
가장 사랑한 달이
언제냐고 묻는다면
저는 4월이라고 말하겠어요

4월은
죽은 줄 알았던 마른 가지에
꽃을 피우고 연두 새순이 돋아
희망의 선물을 주어요

아직 깨어나지 않은
갈색의 풀밭은 작은 냉이며
동전만 한 민들레 꽃이
먼저 자리를 차지하고요

참새며 직박구리는
목련나무에 앉아
짹짹 비비 거리며

돌돌 말린 하얀 봄 편지를
펴 읽고 있어요

두릅나무에 맺힌
초록의 생명을 데치고
울타리 아래 쑥을 뜯어
된장 쑥국 엄마 생각 부르니
저는 쑥국쑥국 울어요

햇살 아래
애인 같은 꽃들과
고향에 봄나들이 가고픈
사랑스러운 4월이어요.

솔직하게

우리 솔직해지기로 해요
아프면 아프다고 말해요
좋으면 좋다고 해요
아이처럼 순수해지기로 해요

우리 마음 숨기지 말아요
꽃이 예쁘면 예쁘다 말하고
너를 만나면 예쁜 꽃을 보듯
정말 보고 싶었다고 얘기해요

그러던 어느 날 네가 좋아지면
혼자 애태우지 말고 마음 전해요
그리움이 꽃처럼 피어오르고
언제부터 그대가
이 마음을 차지하고 있다고요.

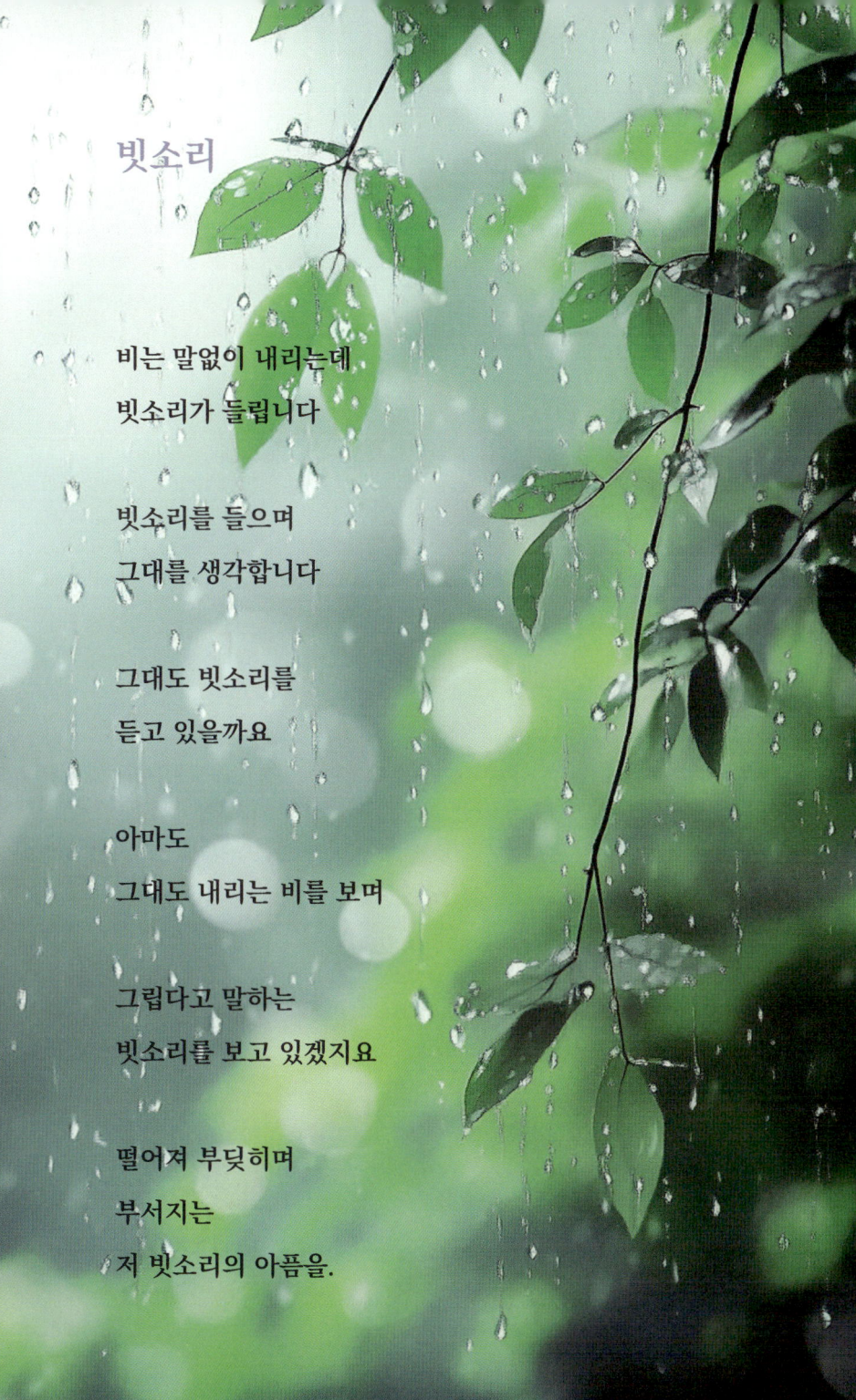

빗소리

비는 말없이 내리는데
빗소리가 들립니다

빗소리를 들으며
그대를 생각합니다

그대도 빗소리를
듣고 있을까요

아마도
그대도 내리는 비를 보며

그립다고 말하는
빗소리를 보고 있겠지요

떨어져 부딪히며
부서지는
저 빗소리의 아픔을.

깊은 가을

깊은 가을은
아름다운 슬픔이다
마당에 낙엽 쓰는
일도 줄어 들고 있다

누가 더 붉나 색을
자랑하던 잎도 곧
눈서리가 내리면
흙으로 돌아갈 것이다

봄날에 꽃을 피운
철쭉이
또 남은 잎에 꽃을 피웠다
붉다 못해 검은 빛이 돈다

줄기에 날개를 단
화살나무
울타리에 줄지어 서있다

선홍빛 붉은액을 뿜고
겨울로 날아가고 있다

거룩히
불타는 이별 전야다

나도 언젠가
너에게 멀어지기 전
붉게 물든 그리움으로
남을 수 있을까

불타 꽃피우고
너의 곁에 거름이 되어 주는
낙엽이 되고프다.

청구서

월말의 끝자락에서
정리하지 못한 청구서를 모은다

관리비
카드비
통신비
 . . .
아! 받고 싶다
사랑 청구서.

빗방울 로맨스

당신은
차갑고
서늘하고
따뜻하고
뜨겁고
강하고
연하고
살 부드럽고
매끈하군요

봉긋한 매화 꽃망울 같은
마루에 걸린 불알 전구 같은
꼬리 흔든 올챙이 같은 너에게

온몸이 젖어 듭니다
사랑에 스며듭니다.

* 『비는 우리가 사랑에 빠지는 것처럼 내린다』 책을 읽고

눈이 오는 길 가는 길

눈이 오면
같은 길로 오지 않는다
정해진 삶은
재미없다는 듯이
눈이 오면
가만 혼자 오지 않는다
여럿이면 외롭지 않다는 듯이
바람과 새와 그리움이 손잡고
춤추며 온다

눈이 오는 길은
저 하늘에서 지구까지 긴 여행
도중에 태양이란 복병을 만난다든지
간혹 봄날에 베이기라도 하면
대지에 초록 피로 환생한다든지
삶이 녹록하지 않다는 걸
그들은 안다

오늘 다시 찾아온 눈은
오르락내리락 휘파람 불며
신나게 재주 부리다 결국
지구 모퉁이에 충돌하고 말았다

낙엽은 흙이 되고
인생은 추억이 되듯이
그들은 녹아 사라지고 말까
아니면
우릴 살리는 생명수로 태어날 수 있을까

상사화가 피었다는 소식을 들었습니다

상사화가 피었다는
소식을 들었습니다
오늘은 꼭 만나고 싶어
뒷산에 올랐습니다

바람은 부는데
바람은 만나지 못했습니다
향기는 나는데
꽃은 피어 있지 않았습니다
기척은 있는데
아무도 보이지 않았습니다

세상은 가득차 있는데
텅비어 있습니다
노래하는 새소리는 들리는데
새는 보이지 않습니다
단지 긴 갈대만 흔들리며
바람이 지난 흔적을

그리고 있습니다

퍼득이는 까투리 날개짓에
풀잎이 춤을 춥니다
잎이 허공에 흩어지니
향기가 날아 오릅니다

그곳에 이르렀을 때
그대는 떠나고 없었습니다
만남과 떠남의 공간에
무심한 흰구름만
흐르고 있었습니다

아무도 없는
바람의 언덕에는
침묵만이 가득 차고

아쉬운 이별 뒤에야
마른 가슴에 푸른 꽃대궁
솟아 오르고
그곳에 불길이 입니다

이제야
꿈속에서도 만나지 못한
당신을 불꽃 안에서
만나고 있습니다

그리움으로 돋고
눈물로 피는꽃
상사화가 피고 있습니다

천년 고독으로 키워
기쁨으로 만나는 꽃
상사화가 꿈을 꿉니다.

짧은 봄

봄날아
봄날아
오래오래
함께 있어 다오

철쭉은 화르르 불타 떠나고
아카시 향기는 유혹하는데
너는 보이지 않구나

나는 너에게 이미
마음을 다 주었단다

어디로 가느냐
아름다운 봄날아
예쁜 꽃들아.

안개 속으로

아무리 안개가
하얗게 길을 지워도
당신 생각은 찾아오지요

당신은 신선한 바람
안개를 말끔히 걷어가는
기분 좋은 깨끗한 공기

당신은 따뜻한 미소
절망의 구름을 거두어 가는
부드러운 양지의 햇살

당신을 만나러 갑니다
길은 잘 보이지 않아도
희망을 노래하며

안갯속으로
당신 안으로
걸어갑니다.

가출

파수꾼이 아침을 기다리듯
부둣가에서 한 척의 배를 기다린다
바닷가 한 뼘 흙무더기에
한 그루 장미가 난간을 붙잡고 서있다
장미는 그 누군가 나타나면
피워 줄 것처럼 꽃잎을 가득 머금고 있다
기다리는 배는 보이지 않고 소식도 없다
누운 폐선만이 반쯤 뻘에 묻히어
바다로 나가려 몸부리치고 있다
기다림에 지쳤는지 심장은
붉게 녹이 슬고 기력이 없다

젊음이란 동력을 잃어버린 청춘들
이 허무하고 서글픈 집을 떠나
다시 시들은 엔진을 푸르게 가동 시켜야 한다
높은 파도와 두려움을 헤치는 함장이 되어
바람을 다스리며
우리는 미지의 나라로 떠날 것이다

막막하고 외로운 바다에서 희망의 등대를
발견해야 한다
우리의 출발을 반기는 파도는 기뻐 춤을 추고
갈매기도 날개를 흔들어 환영한다

이제 만선의 꿈을 이끌 거함이
필요한 것은 오직 당신 뿐
그대여
사랑의 신대륙에 닿기 위해
이 심장에 그대
사랑의 불을 댕겨 주기를
가슴 떨리는 우리의 아름다운 출항을 위해.
* 강진 가우도 출렁다리를 앞두고 ~

PART 3

땅의 노래

웃는 커피

웃는 얼굴에
복이 찾아온다고 하지요

아침에 커피를 마시는데
커피 잔에 그대가 웃고 있네요

나도 따라 웃어 주었어요
오늘은 웬 지
좋은 일이 있을 것 같아요

그대도 웃고
나도 웃고

둘 이 웃었으니
복도 두 배
사랑도 두 배.

색의 나라 수국

멀리서 보아도 물의 나라다
그 나라에 들어가면
온통 웃는 얼굴의 여인을 만난다

고개 숙여 인사할 때마다
스치기만 해도 찌릿해 오고
숨겨진 너의 향기 새어 나오면
속절없이 무너진다

오묘한 빛깔로 꾸민 환상적인 신방마다
달콤한 만개의 입술이 유혹한다

너의 가슴을 헤집고
감춰진 비밀의 방을 노크한다
기쁨인 듯 사랑인 듯
두 팔로 감싸 안는다

황홀한 물의 나라
원시림을 탐험할 때마다
욕망을 품은 관음증 환자다.

눈이 내리면

함박눈이 하늘하늘
휘날리는 날

그대 향해 달리면
그대도
나를 향해 달려옵니다

춤추며 오는 그대를
두 팔 가득 안으려 하면
부끄러워 옆으로 도망갑니다

하늘이 준 솜사탕 사랑은
마음껏 마셔도
배부르지 않는 양식입니다

내가 천천히 걸으면
그대도 가만 다가옵니다

보고 싶은 제 마음만큼
그대도
제게 달려오나 봅니다.

그대 나무

봄날
내 안에
그대라는 나무를 심고

그리움과
사랑으로
물을 주고 가꾸면 좋겠다

그리고
예쁜 꽃이 피고
향기가 좋은
아름다운 나무로
자랐으면 좋겠다

나무에
행복이 열리고
그 아래
우리 손잡고 마주보며
웃었으면 좋겠다.

봄나들이

살포시 얹은 눈발 아래
인고의 날을 견딘 수선화가 얼굴을 내밀고

성난 사자 같은 바람 속
버드나무 실가지가 흔들리며
초록세상을 꿈꾼다

순한 양 같은 햇살이 내리면
묵정밭 사이사이 오르는 냉이 향기
어지럽다

봄이 열린다
봄은 환희다
너를 만난 그때처럼.

무지개 쫓는 아이

비 갠 오후
하늘에 꽃보다 고운
일곱 색깔 비단강이 흐른다

주단을 타고 내려온
화창한 햇살이 폭죽을 터트리자
소년은 가슴이 뛴다

자신을 태우며 달려온 태양과
생명수를 품은 구름의 수고에
보답하듯 눈부시게 빛난다

오래 전 쌍무지개 뜨는 언덕에
살던 소년 소녀는 어디에 살까
이름 모를 꽃들이 피었다

몰래 눈물 쏟다 벌게진
얼굴이 부끄러워 숨던 그 시절

가슴 울린 슬픈 사랑이
무지갯빛 추억으로
나이든 소년의 가슴을 적신다.

* '쌍무지개 뜨는 언덕' 청소년소설을 읽고 몰래 울던 때가 생각났다.

봄날의 정원

갈색의 정원은
봄맞이로 바쁘다
정원에서는 말간 햇살이
미끄럼틀을 타고 "야호!" 하고 내린다
북새 바람은 깡마른 수수껑다리를
건들며 도망치지만
정원을 지키는 CCTV 아저씨는
누구를 기다리나 눈만 멀뚱 뜨고
꼼짝도 않고 서 있다
노루귀 아저씨, 바람꽃 할아버지도
초대받아 곧 오신단다
남국의 흥부아저씨는 이미 제비에게
하얀 목련 편지를 보냈다
오늘도 CCTV 아저씨는 연둣빛 스카프를
두른 여인을 기다리고 있다
그 꽃향기를 잊지 못해.

낙화

바닥에 온통 이파리 꽃들이
쫙 깔렸어요

열매에 다 주어
힘에 겨워 상처로 물들고
찢긴 나뭇잎

겨울이 오기 전
어린뿌리들이 춥지 않게
덮어 주고 있어요

훌쩍 떠난 우리 엄마처럼
모든 걸 주고 떠나요

추운 밤이면
제가 포근히 잠들 수 있도록
날아와 수북수북 덮어 주어요.

폭염에 대한 단상

태양 보일러는
연일 가동 중이다
어디서 이 뜨거운 에너지를 가져 오는가
지구를 함부로 사용한
우리가 미워도 그렇지
누가 보일러 꺼줄 수 없나

귀뚜라미가 나서서 목이 터져라
하소연해 보고
연분홍 배롱꽃으로 유혹을 해도
누가 이기나 비웃 듯
쉽게 말을 들을 생각이 없는 것 같다

그래
가을을 부르기 위해
그렇게도 불을 지피나 보다
달콤한 열매를 거두기 위해
그렇게 햇살을 쏘나 보다
우리 사랑 잉태하기 위해
가슴까지 이렇게 태우나 보다.

입추

여름은 가고 있는데
더위는 자리도 안 내주고
떠날 생각을 않는다

그렇다고
내 안의 너는
가을이 온다 해도
보낼 생각은 없다

가을의 입구에서
곧 보내야 할 더위에게
인사는 해야겠다

너의 사랑이
고맙기도 했지만
너무 뜨거워 미웠다고
내년에는 웃으며 보자고
부탁은 해야겠다.

아파요

산수유가 앓고 있다
긴 겨울 무사히 넘기나 했는데
멀쩡한 몸에 열이 납니다
손끝 발끝마다 붉고 노란
둥근 반점이 오릅니다
매달 오고 가는
반달을 연모하다
상사병이 났을까
깊은 밤 초롱초롱 빛나는
별님에게 마음을 주었나
말 못 하는 저 산수유
저에게 외칩니다
사랑합니다
사랑합니다
저 뜨거운 아우성
곧 터질 듯한
아름다운 통증
참 잔인한 봄날입니다.

껍데기

나는 껍데기야
내안이 텅 비어 있어
도무지 아는 게 없어
자꾸 포장만 하려해

나는 껍데기야
모양만 화려해 보여
진실을 속이고 있어
자신을 알아야 해

명품이 아니어도
부끄러워 하지마
포장하려 하지마
나는 껍데기 일뿐

내안을 들여다 보아
조그만 희망이 보여
매일 꿈을 꾸고 있어

껍데기속 반짝인 보석

나는 소중한 껍데기야
껍데기속 빛나는 진실
워워 소중한 껍데기야.

숲속 이야기

삭막한 겨울산이라
쓸쓸하다고 생각할지 모르겠지만
나무와 바위들은 서로 의지하며
숲을 떠나는 법이 없다네

지난봄에는
날아온 꽃과 나비들이 바위와 나무를
유혹할 때 그들은 마음이 잠시 흔들렸지만
묵묵히 끝까지 자리를 지켜내었다네

세찬 비바람 치던 날
나무는 뿌리가 뽑힐 뻔하였으나
바위가 웅켜 잡고 놓아 주지 않아
다행히 쓰러지지 않고
버틸 수 있었다네

얼마 전 지나가던 바람과 새들이
숲에 놀러와 함께 노래 부르고

때마침 구름도 다시 찾아와
하얀 눈발로 축복해 주었다네

사람들이 산을 오르는 것은
나무와 바위의 의리와 사랑을 배우기 위해
산을 찾는지도 모르네.

책

눈을 뜨자마자
책을 읽고 있습니다
이른 아침 마당을 쓰는 아버지 비질소리는
상큼하고 부지런한 책 입니다
부엌에서 식사를 준비하신 어머니책은
따뜻하며 사랑이 가득합니다

저는 매일 책을 봅니다
신호등 따라 길을 건너는 사람들을 읽고
질서를 배우고
시장에 나가 땀과 희망을 읽으며
경제를 배워 갑니다
가끔 숲에 들어가 곧게 선 나무책을 보며
바람소리 새소리도 듣고
나무의 마음을 읽습니다

저도 좋은 책이 될 수 있을까
생각해 봅니다
책장에 꼽혀 있는 무거운 경전보다
우리 서로 읽히는
즐거운 책이 되길 원합니다.

해바라기

따사로운
햇살 따라 도는
나는 해바라기

살며시 미소 짓는
그대 모습 그리는
나는 그대바라기

행복이 익어가는
황금빛 들판에서
그대 생각 하며
나 홀로 거닌다

시간의 무게만큼
여무는 씨앗만큼
그리움도 익어간다

사랑의 계절
신의 계절

아!
가을이다.

길은 없다

살다 보면
이게 길인가 싶어
들어선 길이 있다

가다 보면
안개가 끼고
눈이 내리고
폭풍우에 길을 잃을 때가 있다

이때는
잠시 멈추고 기다리자
어둠이 지나가고 해가 뜨면
길이 보이면 다시 가고
보이지 않으면 다른 길도 찾아보자

태초에 정해진 길은 없었다
마음 가는 곳 길이 된다
어느 길에서
구원자가 기다릴지 모른다.

몰랐어요

사실
제가 예쁜 꽃인 줄 몰랐어요
그대가 눈길 주기 전에는

제가 그리움인 줄 몰랐어요
그대가 기다린다 말하기 전에는

제가 아픔인 줄 몰랐어요
그대가 눈물 글썽이기 전에는

제가 사랑받는 줄 몰랐어요
그대가 사랑한다 말하기 전에는

이런 그대를
제가 더 사랑하고 있다는 것을
그대는 모르시지요.

수련

검은 흙탕물이라고
더럽다 하지 마세요
우리도 그 컴컴하고 질펀한
늪 속에서 피어난 생명이나니

춥고 컴컴한 대지를 뚫고
솟아오르는 태양이여
깊은 밤 외롭지 않게
은은하게 스며드는 달빛이여

헤프지 않게 소박하게
너의 탄생을 기다린다
방긋이 환한 미소 짓는 날

활짝 핀 너의 심장에서
황금 침묵 한 조각 꺼내어
맑은 향기에 젖어 보리라.

폭포

삶의 고비에 서서
뛰어야 하는 순간이 있다

햇살처럼 쏘아라
우뢰처럼 퍼부어라
독수리처럼 날아라
사랑처럼 미쳐라

부딪혀 도
쳐 박혀도
깨어져도
다시 솟구치는
저 꿈들의 용트림

용감 하여라
자유로워라
아름다워라.

땅의 노래

땅은
기억하고 있다
거친 흙의 역정을 엎고
땀을 쏟으며 지내온 세월
자신의 속살을 만져본다

긴 겨울
꽁꽁 언 얼음장 아래로부터
메뚜기 여치와 놀던 뜰 꿈꾼다
봄마다 역전을 노리는
악착같은 잡초를 제압하는
아버지의 불같은 성미 소리
장화 발 철벅거린 흙의 노랫소리
가뭄에 목말랐던 시대 바닥의 절규
비료 값 오르는 한숨 소리
쟁기에 벌떡 뒤집어진 흙더미 사이로
쟁기 끈 어미 소의 거친 숨소리
'이럇 워 워' 몰아세운 하늘의 숙명

땅은 모두 알고 있지만
비밀을 간직한 의리의 침묵자

조금이라도
한눈팔면 금세
풀 천지로 만들어 버리던
심술 어린 논밭이
푸른 꿈으로 넘실댄다
옥토는 어미 에비의 한숨 눈물바다
땅은 논밭의 곡식에게
풍년의 기쁜 선물을 내린다
내리는 빗물에
목을 적시는 땅
노래를 한다

꼬르륵 꼬르륵.

PART 4

사랑없이 어이 살까

삐진 커피

커피
마음이 변한 것 같다

어제는
달콤했는데
오늘은
쓰디쓰다

알고 보니
어제 내가 꽃차에
눈길을 주었다는 것이다

사랑이란
자기만 바라봐 주는 것.

그대를 위한 연가

그대가 나에게 눈길 한 번 주었을 때
나의 하루는 기쁨으로 가득 했어요

그대가 한 번의 눈길과
그대가 손 한번 흔들어 주었을 때는
나의 한 달은 춤을 추듯 신이 났지요

그대가 한 번의 눈길과 손을 흔들고
우리 식사 한 번 해요 했을 때
나의 일 년은 그대로 인해 참 행복했지요

이젠 그대 나에게 단 하루 만이라도
그 마음 한 번 준다면
난 천 년 동안 그대 위해 살겠습니다

단 하루 만이라도 그대와 사랑할 수 있다면
천 년 동안 기다리며 살겠습니다.

권주가

지난가을 익혀놓은
이화주 향이 좋아

아내 몰래 옷자락 속
숨기어서 갈 터이니

친구들을 불러모아
주고받고 권하면서

꽃에 취해 노래하고
봄에 취해 시를 짓고

꽃잔치를 열어보세
꽃단위에 들이붓고.

눈사람

하얀 눈이 푹푹 쌓이니
눈사람을 만들자

주먹만 한 눈덩이를
계속 구르자
보름달만큼 커졌다

생각할수록 커지는
너의 그리움처럼

눈도 붙이고
코도 붙이고
가슴에는
사랑의 하트를 그렸다

그러자
눈사람이 윙크하더니
살며시 와 내 귀에 대고
데이트 하자고 한다.

파파라치

너를 만나면
기분이 좋아진다
너의 활짝 웃는 모습에
반해 한참 네 앞에 머물 곤 한다
어디를 가더라도
너만 있으면 행복하다
외롭고 울적할 때마다
순수하고 아름다운 너를 바라보면
나는 꽃잎처럼 맑아진다
그런 너도 오랫동안 꿈을 품고
추운 긴 겨울도 견디어 내었으리라
너의 멋진 순간을 간직하고 싶어
사진을 찍는다
물론 나 혼자 너를 좋아하지 않는다
네 주위에 벌 나비 같은 자들이 기웃거리지만
신경 쓰지 않는다
네가 있는 곳이라면
어디라도 함께 할 것이다
나는 너를 사랑하는 꽃파파라치다.

그리운 호수

잔잔한 호수에
풍랑이 이는 건
바람이 아니라
그리움입니다

굳이 초청하지 않아도
이미 가슴에 자리한 당신은
떠나지 못한 그리움입니다

잊으려 애를 써도
못 잊을 그리운 당신
고요한 이 가슴을
또 흔들어 댑니다.

대지를 생각한다

세찬 바람이 불고
세상이 어둡고 살아가는 게 힘들 때
어머니 가슴을 생각한다

대지는 비바람이 몰아치고 넘치어도
욕심내지 않고 강과 바다로 흘러 보낸다
불타는 땡볕과 애는 강추위도 초연하다
봄이면 속살에서 생명을 키우고 하늘로 향한다
센 바람이 불면 그녀는 꼭 붙들어 주었다
거칠고 메마른 사막도 때가 되면
주린 배를 채우듯 비를 내려
푸른 초원이 된다

꽃과 새들은 허공에 머리를 들고
바위와 나무는 번식을 위해
대지에 열쇠를 꼽듯 생명의식 중이다.
벌새도 긴 부리를 꽃에 꼽아 양식을 얻는다
우리에게 기쁨의 선물로 꽃을 피워 주고
달콤한 열매를 나누어 준다

대지여 노래하라!
춤추며 노래하는 대지
대지는 여신의 자궁!
생명의 근원 어머니.

9월

저 초록 언덕에
9월이 위로하듯 웃으며 반갑다고
두 팔 벌리고 서 있네

폭우와 폭염에 지친 들풀에게
한여름의 백일홍과 백합 같은
순전한 꽃 들게

깊고 푸른 바다의 유혹과
거친 파도에도 꿋꿋하게 버틴 바위 들게

염천에 일편단심 꽃만 바라던
마음이 외롭고 가난한 이들 게

살쪄가는 9월의 열매에 입맞추는
가을날 땡볕 같은 우리를 향해.

나무 선생님

나무도 귀가 있어
듣고 있다는 걸 알았다
그의 몸에 자란 버섯이
쫑긋 듣는 귀인걸 보니

나무는 눈도 있어
보고 있다는 걸 알았다
옹이에 부릅뜬 눈이
종일 바라보는 걸 보니

그러나 그는
무슨 얘기를 듣고 보아도
누구에게도 말하지 않았다
찬바람이 불면 서서
우우 울기만 한다

봄이 가까워지자
붉게 맺힌 봉우리에

꽃을 피워 웃어주고
더운 날은
시원한 그늘을 만들어
쉬게 해 주신다
선생님처럼.

사모국

뚝방길 걷노라니
스미는 당신향기

하얀 이 보이시며
구절초 웃으시네

한아름 꺾어 안고서
달려가고파 어머니.

황새가 꿈꾸는 세상

하얀 도포 날개 끝
긴 부리에 먹물 적시고
백색의 두루마기 입은
그대는
고고한 선비다

그대는
오염된 세상에도
더러운 물속에도
혼탁한 땅에서도
살 수 없는
깨끗한 선비다

걸음도 조용조용
풀잎 스치듯
선홍빛 맨발로
걷는 천상 선비다

언제 부터인가
외진 마을 강 건너
소나무 숲에
백설같은 그대 모습이
사라져
마을이 텅 비었다

따사로운 가을볕에
축축한 날개를 말리는
그대를 보노라면
마음바닥이 따뜻해오고
평온해 졌다

이제 다시 모내기 때마다
들녘을 날아오르던
황홀한 자태와
선비처럼 고고한 모습이

보고싶다

20년이 넘는 세월
황새와 함께 살아온
한국교원대 황새생태연구원!
그대들은
죽었던 흙을 살리고
신음하던 들판을 살리는
지구 속 작은 숲이었다

이제
황새가 힘차게 날개 짓을
펴는 날
청산은 더욱 푸르고
들녘엔 푸른 이랑이 춤추리라

황새들이 꿈을 꾸는 세상
빛의 세상이요
새 생명의 탄생이리라.

* 교원대황새생태연구원에 바친 헌시

비 온 뒤

깡패 같은 먹구름 떼가
언제 전쟁을 치렀냐는 듯
꼬리를 감추며 사라지자
파란 하늘에
엄마 구름 한 점이
아기 구름들을 손잡고
산책을 나왔어요
태양이 활짝 웃어주니
나무와 새들이 춤을 추어요.

내가 바뀔 수 있다면

내가 바뀔 수 있다면
그대 가장 좋은 친구가 되겠어요
불어오는 산들바람 맞으며
들길 함께 걷는 주인공 처럼요

내가 바뀔 수 있다면
그대 뜰의 꽃으로 피겠어요
그윽이 바라보는 그대 눈길에
미소 지으며 화답하게요

내가 바뀔 수 있다면
그대가 좋아하는 향기로운
커피가 되겠어요
그대의 따스한 입술이 닿을 때
기쁨을 드리게요

내가 바뀔 수 있다면
그대 침실의 오래된 책상이

되고 싶어요
그대가 피곤하고 지치면
앉아 기도할 수 있게요

내가 바뀔 수 있다면
달빛 흐르는 강물 위 작은 배가 되어
그대와 노를 저어
신비한 나라로 떠나게요

설령 바뀔 수 없다 해도
그대를 향한
나의 다짐은
바뀌지 않을 거예요.

봄은 청춘

산책 중
천변에 줄지어선 소녀들이
노오란 피켓을 들고
환영하는 거 있죠

가슴이 떨리고
얼굴이 후끈 달아오르더군요

저도 손을 흔들어
고맙다고 인사를 했죠

한때 계집애들과 손잡고
개나리꽃 따 먹던 때가
생각났어요

저무는 청년 가슴이
또 불이 타올라
웃통 벗어 재끼고
싶은 날이네요

다시 청춘의 봄날이
꿈틀거리고 있어요.

풀들에게

비에 젖으면 젖은 데로
바람 불면 부는 데로
피하지 말고 맞서 보세요

눈이 내리면 눈을 맞고
눈부신 뜨거운 햇살도
온몸으로 받아들이세요

풀이 언제 물을 달라고
밥을 달라고 했나요
들에 핀 백합화도 돌보지 않아도
향기 주고 열매도 맺지 않던가요

풀 죽지 말고
기죽지 말고
쓰러지지도 말고
꺾이지도 말고
울지도 마세요.

너 하나면

세상에 신기하고
진기한 보석으로 가득 차 있어도
너보다 못해

아름다운 꽃들
멋진 경치 맛있는 음식도
너보다도 못해

네가 없는 세상은
상상 할 수 없어 누구도
너하고 바꿀 수 없어

태양이 식을 때까지
심장이 멎을 때까지 살아가는 이유
모두 너 때문

삶의 기쁨도 너
사랑의 의미도 너

내 곁에

너만 있어주면 돼

너 하나면

너 하나면.

단비 봄비

서둘러 핀 4월의 목련이
바람에 실려 나비로 날아오더니

청명인 오늘은 목마른 대지에
만나 같은 봄비로 오는 구나

단비에 입을 삐죽 내민 철쭉은
감사하듯 두 손 모아 합장을 하고

안개처럼 스며드는 너의 생각은
메마른 가슴에 행복비로 적셔주네.

설레는 봄

아침이 싸늘해서
단단히 차리고
나왔는데

대낮 햇살이
따뜻하게 내려주니
마음까지 따스하다

화사해진 언덕
바람은 부드러워
기분좋은 맑은날이다

저무는 나그네
가슴이 이렇게
뛰는데

봄을 기다리는
처녀가슴은
얼마나 두근거릴까.

쉬운 일부터

살면서
했던 일보다
하지 못한 후회가
훨씬 많다고 한다

"그때 그렇게 했었어야
하는데"라고

오늘은
그동안 망설이던
일을 해 보기로 했다

당장 쉬운
그대 생각 부터 해 보았다

바로 웃음이 나오고
행복해진다.

행복한 고백

요즘은

저
별도
구름도
새들도
나무도
꽃들도
돌멩이도
삼각김밥도
미운 사람들도
모두 하트로 보이더라

너를 사랑하고 나서부터야.

내가 먼저 해요

미워하지 말라는 말
듣기로 해요
누구를 미워한다면 내가 먼저
미운 사람이 되니까요

사랑하라는 말
따르기로 해요
내가 행복하려면 먼저 내 안에
사랑하는 마음 담아야 하니까요

당신의 향기가 모두를
향기롭게 하고
그 기쁨이 우리에게
기쁨으로 돌아오듯 이요
내가 먼저 예쁜 꽃을 가꾸면
세상이 더욱 아름다워지는
비밀 같지 않은 비밀처럼요.

love

Love love

선한 귀와 눈을 지닌 시인의 노래

나태주 시인은 제자인 임태래시인을
선한 귀와 눈을 지닌 시인이라 부르고
글보다 사람이 먼저 다가왔다고 했다.

임태래 시인은 세상 모든 사안을 선량하고
아름답게 긍정적으로 바라본다.
시인이 그려놓은 사랑의 시편 "러브소나타"는
당신을 기름진 서정의 들판 가운데
유유히 흐르는 사랑의 강물같은 시심의 세계로
초대합니다.

이번 시집은 세종 시낭송예술협회장인 이종숙낭송가의
낭송을 시집에 함께 담았습니다. 그리고 인공지능으로
그림, 노래, 영상을 만들어서 시집에 포함시킴으로 AI
시대에 맞는 새로운 시집의 방향을 제시하고 있습니다.

러브 소나타

초판발행	|	2025년 1월 20일
지 은 이	|	임태래
편 집	|	이희준
디 자 인	|	이희준

펴 낸 이 | 허필선
펴 낸 곳 | 행복한 북창고
출판등록 | 2021년 8월 3일 (제2021-35호)

주   소 | 인천 부평구 원적로 361 216동 1602호
전   화 | 010-3343-9667
이 메 일 | pilsunheo@gmail.com
홈페이지 | http://www.hbookhouse.com

판 매 가 | 12,000원
I S B N | 979-11-93231-26-5 (03810)

* 잘못 만들어진 책은 구입하신 서점에서 교환해 드립니다.
* 본 책은 저작자의 지적 재산으로서 무단 전재와 복제를 금합니다.
* 본 컨텐츠는 한국출판회의의 kopub 서체를 사용하고 있습니다.